MW00891953

CELEBRATING

DATE

GUESTS

Name   Message

_____   _____

_____   _____

_____   _____

_____   _____

_____   _____

_____   _____

_____   _____

_____   _____

_____   _____

GUESTS

Name   Message

_____   _____

_____   _____

_____   _____

_____   _____

_____   _____

_____   _____

_____   _____

_____   _____

_____   _____

GUESTS

Name

Message

_____   _____

_____   _____

_____   _____

_____   _____

_____   _____

_____   _____

_____   _____

_____   _____

_____   _____

GUESTS

Name	Message

GUESTS

Name

Message

_____ _____

_____ _____

_____ _____

_____ _____

_____ _____

_____ _____

_____ _____

_____ _____

_____ _____

_____ _____

GUESTS

Name	Message

GUESTS

Name   Message

_____   _____

_____   _____

_____   _____

_____   _____

_____   _____

_____   _____

_____   _____

_____   _____

_____   _____

GUESTS

Name

Message

_____

_____

_____

_____

_____

_____

_____

_____

_____

_____

GUESTS

Name   Message

_____   _____

_____   _____

_____   _____

_____   _____

_____   _____

_____   _____

_____   _____

_____   _____

_____   _____

GUESTS

Name

Message

_____   _____

_____   _____

_____   _____

_____   _____

_____   _____

_____   _____

_____   _____

_____   _____

_____   _____

GUESTS

Name

Message

_____   _____

_____   _____

_____   _____

_____   _____

_____   _____

_____   _____

_____   _____

_____   _____

GUESTS

Name

Message

_____   _____

_____   _____

_____   _____

_____   _____

_____   _____

_____   _____

_____   _____

_____   _____

_____   _____

_____   _____

GUESTS

Name

Message

_____   _____

_____   _____

_____   _____

_____   _____

_____   _____

_____   _____

_____   _____

_____   _____

_____   _____

GUESTS

Name

Message

_____

_____

_____

_____

_____

_____

_____

_____

_____

_____

GUESTS

Name

Message

_____

_____

_____

_____

_____

_____

_____

_____

_____

GUESTS

Name

Message

_____

_____

_____

_____

_____

_____

_____

_____

_____

_____

GUESTS

Name	Message

GUESTS

Name

Message

_____   _____

_____   _____

_____   _____

_____   _____

_____   _____

_____   _____

_____   _____

_____   _____

_____   _____

GUESTS

Name

Message

_____   _____

_____   _____

_____   _____

_____   _____

_____   _____

_____   _____

_____   _____

_____   _____

GUESTS

Name

Message

_____

_____

_____

_____

_____

_____

_____

_____

GUESTS

Name

Message

_____

_____

_____

_____

_____

_____

_____

_____

_____

GUESTS

Name

Message

GUESTS

Name   Message

GUESTS

Name

Message

_____

_____

_____

_____

_____

_____

_____

_____

GUESTS

Name

Message

_____

_____

_____

_____

_____

_____

_____

_____

_____

GUESTS

Name   Message

GUESTS

Name

Message

GUESTS

Name   Message

_____   _____

_____   _____

_____   _____

_____   _____

_____   _____

_____   _____

_____   _____

_____   _____

_____   _____

GUESTS

Name   Message

_____   _____

_____   _____

_____   _____

_____   _____

_____   _____

_____   _____

_____   _____

_____   _____

_____   _____

GUESTS

Name

Message

_____

_____

_____

_____

_____

_____

_____

_____

_____

GUESTS

Name

Message

GUESTS

Name

Message

_____

_____

_____

_____

_____

_____

_____

_____

_____

GUESTS

Name	Message

GUESTS

Name   Message

_____   _____

_____   _____

_____   _____

_____   _____

_____   _____

_____   _____

_____   _____

_____   _____

_____   _____

GUESTS

Name   Message

_____   _____

_____   _____

_____   _____

_____   _____

_____   _____

_____   _____

_____   _____

_____   _____

_____   _____

GUESTS

Name

Message

_____   _____

_____   _____

_____   _____

_____   _____

_____   _____

_____   _____

_____   _____

_____   _____

_____   _____

_____   _____

GUESTS

Name

Message

_____   _____

_____   _____

_____   _____

_____   _____

_____   _____

_____   _____

_____   _____

_____   _____

_____   _____

_____   _____

GUESTS

Name

Message

_____

_____

_____

_____

_____

_____

_____

_____

_____

GUESTS

Name

Message

GUESTS

Name   Message

_____   _____

_____   _____

_____   _____

_____   _____

_____   _____

_____   _____

_____   _____

_____   _____

_____   _____

GUESTS

Name   Message

_____   _____

_____   _____

_____   _____

_____   _____

_____   _____

_____   _____

_____   _____

_____   _____

_____   _____

GUESTS

Name

Message

_____

_____

_____

_____

_____

_____

_____

_____

GUESTS

Name

Message

_____ | _____

_____ | _____

_____ | _____

_____ | _____

_____ | _____

_____ | _____

_____ | _____

_____ | _____

GUESTS

Name

Message

GUESTS

Name   Message

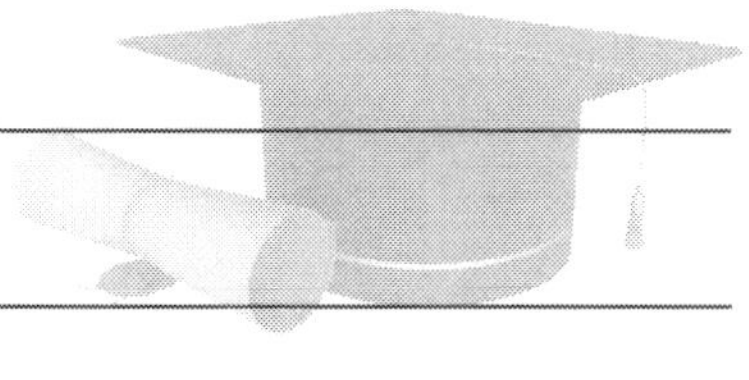

GUESTS

Name

Message

_____

_____

_____

_____

_____

_____

_____

_____

GUESTS

Name

Message

GUESTS

Name   Message

_____   _____

_____   _____

_____   _____

_____   _____

_____   _____

_____   _____

_____   _____

_____   _____

_____   _____

GUESTS

Name

Message

GUESTS

Name

Message

_____

_____

_____

_____

_____

_____

_____

_____

_____

_____

GUESTS

Name

Message

GUESTS

Name

Message

_____

_____

_____

_____

_____

_____

_____

_____

_____

GUESTS

Name

Message

_____ _____

_____ _____

_____ _____

_____ _____

_____ _____

_____ _____

_____ _____

_____ _____

_____ _____

GUESTS

Name

Message

_____

_____

_____

_____

_____

_____

_____

_____

_____

GUESTS

Name	Message

GUESTS

Name   Message

_____   _____

_____   _____

_____   _____

_____   _____

_____   _____

_____   _____

_____   _____

_____   _____

_____   _____

GUESTS

Name

Message

_____

_____

_____

_____

_____

_____

_____

_____

_____

GUESTS

Name

Message

_____

_____

_____

_____

_____

_____

_____

_____

_____

_____

GUESTS

Name   Message

_____   _____

_____   _____

_____   _____

_____   _____

_____   _____

_____   _____

_____   _____

_____   _____

_____   _____

GUESTS

Name

Message

GUESTS

Name

Message

GUESTS

Name   Message

_____   _____

_____   _____

_____   _____

_____   _____

_____   _____

_____   _____

_____   _____

_____   _____

_____   _____

GUESTS

Name   Message

_____   _____

_____   _____

_____   _____

_____   _____

_____   _____

_____   _____

_____   _____

_____   _____

_____   _____

GUESTS

Name   Message

_____   _____

_____   _____

_____   _____

_____   _____

_____   _____

_____   _____

_____   _____

_____   _____

_____   _____

GUESTS

Name   Message

_____   _____

_____   _____

_____   _____

_____   _____

_____   _____

_____   _____

_____   _____

_____   _____

_____   _____

_____   _____

GUESTS

Name   Message

_____   _____

_____   _____

_____   _____

_____   _____

_____   _____

_____   _____

_____   _____

_____   _____

_____   _____

GUESTS

Name

Message

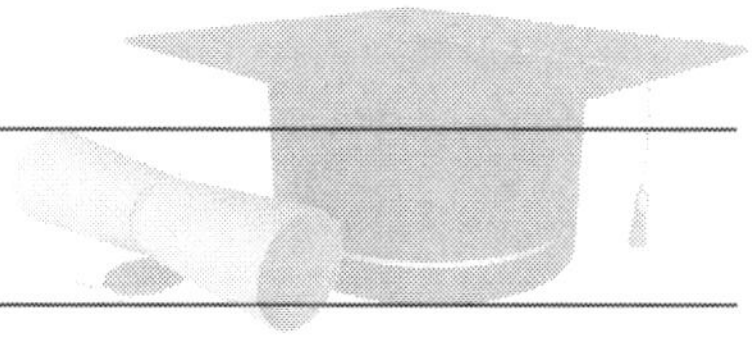

GUESTS

Name

Message

GUESTS

Name

Message

GUESTS

Name

Message

_____

_____

_____

_____

_____

_____

_____

_____

_____

_____

GUESTS

Name

Message

_____   _____

_____   _____

_____   _____

_____   _____

_____   _____

_____   _____

_____   _____

_____   _____

_____   _____

GUESTS

Name

Message

_____   _____

_____   _____

_____   _____

_____   _____

_____   _____

_____   _____

_____   _____

_____   _____

_____   _____

GUESTS

Name   Message

_____   _____

_____   _____

_____   _____

_____   _____

_____   _____

_____   _____

_____   _____

_____   _____

_____   _____

_____   _____

GUESTS

Name   Message

GUESTS

Name

Message

_____

_____

_____

_____

_____

_____

_____

_____

_____

GUESTS

Name

Message

_____

_____

_____

_____

_____

_____

_____

_____

_____

_____

GUESTS

Name	Message

GUESTS

Name	Message

GUESTS

Name

Message

GUESTS

Name   Message

_____ _____

_____ _____

_____ _____

_____ _____

_____ _____

_____ _____

_____ _____

_____ _____

GUESTS

Name	Message

GUESTS

Name | Message

GUESTS

Name	Message

GUESTS

Name	Message

GUESTS

Name	Message

GUESTS

Name	Message

GUESTS

Name   Message

_____   _____

_____   _____

_____   _____

_____   _____

_____   _____

_____   _____

_____   _____

_____   _____

_____   _____

GUESTS

Name   Message

GUESTS

Name

Message

GUESTS

Name   Message

_____   _____

_____   _____

_____   _____

_____   _____

_____   _____

_____   _____

_____   _____

_____   _____

GUESTS

Name	Message

GUESTS

Name   Message

_____   _____

_____   _____

_____   _____

_____   _____

_____   _____

_____   _____

_____   _____

_____   _____

_____   _____

GUESTS

Name	Message

GUESTS

Name   Message

_____   _____

_____   _____

_____   _____

_____   _____

_____   _____

_____   _____

_____   _____

_____   _____

_____   _____

GUESTS

Name   Message

_____   _____

_____   _____

_____   _____

_____   _____

_____   _____

_____   _____

_____   _____

_____   _____

_____   _____

GUESTS

Name	Message

GUESTS

Name   Message

GUESTS

Name   Message

_____   _____

_____   _____

_____   _____

_____   _____

_____   _____

_____   _____

_____   _____

_____   _____

_____   _____

GUESTS

Name

Message

_____

_____

_____

_____

_____

_____

_____

_____

_____

GUESTS

Name

Message

_____

_____

_____

_____

_____

_____

_____

_____

_____

CONGRATULATIONS

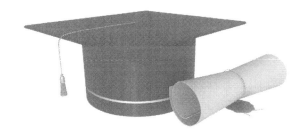

Made in the USA
Monee, IL
10 June 2022

97787213R10057